BEI GRIN MACHT SICH IHR WISSEN BEZAHLT

AF150159

- Wir veröffentlichen Ihre Hausarbeit,
  Bachelor- und Masterarbeit

- Ihr eigenes eBook und Buch -
  weltweit in allen wichtigen Shops

- Verdienen Sie an jedem Verkauf

Jetzt bei www.GRIN.com hochladen und kostenlos publizieren

Christina Schnee

Das Gleichnis vom Pharisäer und vom Zöllner (Lukas Kapitel 18, 9-14)

Exegese

GRIN Verlag

Bibliografische Information der Deutschen Nationalbibliothek:

Die Deutsche Bibliothek verzeichnet diese Publikation in der Deutschen National-
bibliografie; detaillierte bibliografische Daten sind im Internet über http://dnb.d-
nb.de/ abrufbar.

Dieses Werk sowie alle darin enthaltenen einzelnen Beiträge und Abbildungen
sind urheberrechtlich geschützt. Jede Verwertung, die nicht ausdrücklich vom
Urheberrechtsschutz zugelassen ist, bedarf der vorherigen Zustimmung des Verla-
ges. Das gilt insbesondere für Vervielfältigungen, Bearbeitungen, Übersetzungen,
Mikroverfilmungen, Auswertungen durch Datenbanken und für die Einspeicherung
und Verarbeitung in elektronische Systeme. Alle Rechte, auch die des auszugsweisen
Nachdrucks, der fotomechanischen Wiedergabe (einschließlich Mikrokopie) sowie
der Auswertung durch Datenbanken oder ähnliche Einrichtungen, vorbehalten.

Impressum:

Copyright © 2010 GRIN Verlag GmbH
Druck und Bindung: Books on Demand GmbH, Norderstedt Germany
ISBN: 978-3-656-47941-3

Dieses Buch bei GRIN:

http://www.grin.com/de/e-book/231293/das-gleichnis-vom-pharisaeer-und-vom-
zoellner-lukas-kapitel-18-9-14

GRIN - Your knowledge has value

Der GRIN Verlag publiziert seit 1998 wissenschaftliche Arbeiten von Studenten, Hochschullehrern und anderen Akademikern als eBook und gedrucktes Buch. Die Verlagswebsite www.grin.com ist die ideale Plattform zur Veröffentlichung von Hausarbeiten, Abschlussarbeiten, wissenschaftlichen Aufsätzen, Dissertationen und Fachbüchern.

Besuchen Sie uns im Internet:

http://www.grin.com/

http://www.facebook.com/grincom

http://www.twitter.com/grin_com

Bergische Universität Wuppertal

Fachbereich A: Geistes - und Kulturwissenschaften

Katholisch-Theologisches Seminar

Seminar: Einführung in die Exegese

Thema der Seminararbeit:

Das Gleichnis vom Pharisäer und vom Zöllner

Lukas Kapitel 18, 9-14

Vorgelegt von: Christina Schnee

7. Fachsemester, Lehramt GHRGe/G Mathematik, katholische Theologie

Datum der Abgabe: 13.09.2010

2

Inhaltsverzeichnis:

1. Einleitung

Ich habe mich für das Gleichnis vom Pharisäer und vom Zöllner aus dem Lukasevangelium 18, 9-14 entschieden.

Ich finde dieses Gleichnis sehr interessant und anschaulich. Ich habe früher schon oft versucht mir dieses Beispiel bildlich auszumalen.

Hier entsteht ein klischeehaftes Bild der Pharisäer, da sie oft mit den Heuchlern gleich gesetzt werden. Dies kann man auch im Matthäusevangelium (23) sehen.

Viele christliche Überlieferungen und Deutungen der Worte Jesu haben diese Vorurteile gegen die Juden ins Leben gerufen. Damit wir aber das Gleichnis verstehen können, müssen wir diese Vorurteile beiseite räumen.

Ich möchte in meiner Arbeit versuchen das Gleichnis vom Pharisäer und Zöllner zu analysieren.

Hierbei möchte ich zunächst auf die Merkmale eines Gleichnisses eingehen. Anschließend werde ich das Gleichnis abgrenzen und in einen Kontext einordnen.

Danach werde ich die Motiv- und Sachanalyse anbringen, in der ich auch auf Zöllner und Pharisäer eingehe. Am Schluss werde ich mich noch mit der Formanalyse befassen.

1.1 Merkmale von Gleichnissen

Das griechische Wort Parabel („παραβολή") entspricht dem deutschen Wort Gleichnis. Zwei Begriffe, ein abstrakter und ein alltäglicher Begriff, werden nebeneinander gestellt, um den abstrakter Begriff verständlich zu machen. Der abstrakter erste Begriff ist aus dem Bereich der Philosophie oder Ethik entnommen und ist nicht jedem direkt klar verständlich, deshalb wird er durch einen alltäglichen Begriff verdeutlicht.[1]

Eine besondere Art von Gleichnissen, die man nur bei Lukas findet, nennt man Beispielerzählungen. Sie gehören zu den Parabeln und kritisieren an einem Beispiel ein bestimmtes Verhalten. Sie versuchen dadurch den Leser zu einer Verhaltensänderung zu bewegen.

In Gleichnissen kann man Denkanstöße, Widersprüche, Ungewohntes, Schockwirkungen, Ärgernisse, Aufforderungen/Appelle, Symbole, versteckte Übertragungen finden, aber auch so manches Paradoxon. Es müssen jedoch nicht alle diese Variablen in einem Gleichnis enthalten sein.

Die Urgemeinde hat die Gleichnisse häufig allegorisch gedeutet, weshalb die Überlieferungen mit Allegorien gemischt sein können. Das heißt, die Urgemeinde hat die Verkündigung Jesu allegorisch verändert. Dies muss man bei der Deutung der Gleichnisse beachten. So, wie man die Gleichnisse der Bibel heute vorfindet, sind es keine Originaltexte Jesu, sondern Bearbeitungen und Deutungen der Urgemeinde und Veränderungen in der Überlieferung. Daher muss man die Elemente der Verkündigung Jesu von den Elementen der Urgemeinde unterscheiden.[2]

Wichtig für Jesus waren die „Basileia Tou Theou" (Königsherrschaft Gottes) und „Metanoia" (Umkehr zu Gott) in seinen Gleichnissen. Daher benutzt er häufig Gleichnisse, um vom Reich Gottes zu berichten und dieses seinen Zuhörern verständlich zu machen. Die Menschen kennen das Reich Gottes nicht und können sich nichts darunter vorstellen. Deshalb nutzt Jesus die sogenannte Bildrede als Vergleich zum Reich seines Vaters, um es seinen Zuhörern zu erklären und bildlich darzustellen.

Für die Beispielerzählungen ein wichtiger Aspekt ist ebenfalls der Erzählcharakter und ihre Frage wie Erzählungen oder Geschichten zu einem Gleichnis werden. Gleichnisse sind meistens im Präsens verfasst und der

---

[1]   vgl. LThK, Bd.4 S.958: Gleichnis
[2]   vgl. Joachim Jeremias, S.15

Vergleichsbereich im Text ist konkretisiert. Die Beispielerzählung spiegelt jedoch nur das sprachliche Bild in einer didaktischen Form. Sie zeigen einen Sachverhalt auf, welcher in einen realen Bezug überführt werden kann.

2. Hauptteil

Im Hauptteil werde ich zunächst die Kontextanalyse , anschließend die Motiv-und Sachanalyse und schließlich die Formanalyse anbringen.

2.1 Kontextanalyse

Das Gleichnis vom Pharisäer und vom Zöllner ist Teil des Lukasevangeliums, welches von ihm bewusst gestaltet wurde (Redaktionsarbeit). Es findet sich gegen Ende des Evangeliums kurz vor der Passionsgeschichte. Jesus hat im Gesamttext sehr häufig mit den Pharisäern Kontakt gehabt und sich für gesellschaftliche Außenseiter (Zöllner, Kranke…) eingesetzt. Dieses Gleichnis wirkt, wie eine letzte Erinnerung an diese Auseinandersetzungen und das Einsetzen für Außenseiter. Nach weiteren Gleichnissen und Wunderheilungen folgen die letzten Tage in Jerusalem und somit der Einzug in Jerusalem und die Zerstörung des Tempels.

Lukas hat das Gleichnis absichtsvoll an diese Stelle im Kontext platziert, um vor der Passion das Umfeld Jesu zu schildern. Es kann eine Erklärung geben, warum Jesus hingerichtet wurde und die Menschen ihm nicht wohlgesonnen waren.

Das Gleichnis ist eingebettet in eine größere Anzahl von Gleichnissen. Wir finden in der näheren Umgebung weitere Erzählungen mit Pharisäern und Zöllnern

Lk 14, 1-16 Jesus zu Besuch bei einem Pharisäer

Lk 15, 1-2 Jesus empört die Pharisäer, als er sich mit Zöllnern und

Sündern abgibt

Lk 16, 14 f das Urteil Jesu über die Pharisäer

Lk 17, 20f über das Reich Gottes

Lk 19, 1-10 Jesus bei Zachäus, dem Zöllner,

sodass Pharisäer und Zöllner in diesem Gleichnis nicht zum ersten Mal erscheinen. Der Zöllner ist Vorbote für Zachäus, der im nachfolgenden Kapitel mit Jesus Kontakt hat. Jesus isst mit ihm, was den Pharisäern nicht gefällt und das Streitgespräch entfacht.

Im Anschluss an das Gleichnis ist die Segnung der Kinder vorzufinden. Hier geht es um den Zutritt zum Reich Gottes, den nur der bekommt, der so ist wie ein Kind.

Es wird deutlich, dass Jesus bei Lukas als der Heilbringende, der Heiland, der Außenseiter (der Zöllner, der Sünder, der Kranken…) bezeichnet wird, denn er unterhält sich mit ihnen, was nicht gern gesehen wurde. Außerdem stehen in dem Kapitel vorher Jesu Worte über die Pflicht zur Vergebung der Sünden.

Im Gleichnis vom Pharisäer und vom Zöllner wird den Menschen gezeigt, wie gütig Gott ist: er vergibt den Reumütigen die Sünden.

Der Autor des Lukasevangeliums ist vermutlich derselbe, wie der Autor der Apostelgeschichte (vgl. Lk 1,1-3 Apg 1,1), darum macht es Sinn auch die Apostelgeschichte mit zu betrachten.

In Apg 15,5 steht geschrieben, dass einige Pharisäer gläubig geworden seien. Der Pharisäismus ist die strengste Richtung der Religion. (Apg 26,5) Paulus war Pharisäer und er hoffte auf die Auferstehung der Toten. Das Verhältnis zu den Pharisäern hat sich also nach Jesu Tod deutlich gebessert, da sogar einige von ihnen nach der Lehre Jesu leben wollen.

In der Apostelgeschichte wird sehr häufig von betenden Menschen berichtet, zum Beispiel, wenn Menschen auf Reisen gehen, bei der Auswahl neuer Apostel, Gehorsam im Glauben, um den Heiligen Geist zu empfangen, in Gefangenschaft, für Kranke, oder aus Dank

Da dieses Gleichnis bei Matthäus nicht so zu finden ist und vor allem nicht bei Markus, lässt sich daraus schließen, dass es zum Lukanischen Sondergut gehört. Wäre es entweder bei Matthäus, so stammte es aus der Logienquelle Q oder bei Markus, dann hätte Lukas es von Markus übernommen.

2.2 Motiv-/Sachanalyse

Zunächst möchte ich auf Zöllner und Pharisäer eingehen.

Das Gleichnis handelt vom Pharisäer und vom Zöllner. Da man heutzutage die Pharisäer oft mit Vorurteilen belastet und sich mit den Zöllnern identifiziert, sie also archetypisch als Ich-Figur wählt, möchte ich zunächst etwas zu den beiden Figuren schreiben.

Früher hatte das Volk ein positives Bild von den Pharisäern, während man sie heute oftmals als Gegner Jesu empfindet. Aber:

Das Pharisäerbild mit den Vorurteilen entspricht nicht der Geschichte und den geschichtlichen Tatsachen. Die Pharisäer waren eine Volksbewegung und wollten inmitten des Volkes wirken, sodass sie die Masse der Juden auf ihrer Seite hatten. Sie waren nicht starr in ihrem Glauben, denn sie wussten, dass ihre Religion nur durch Entwicklung weiterexistieren konnte, wenn sie sich der Zeit und Situation im Volk anpassten. Der Pharisäismus verwandte neben den mündlichen Überlieferungen auch Traditionen für seine Gesetze und richtete sich gegen eine griesgrämige, unzeitgemäße Religion. So sahen sie die Tora auch nicht als Gesetz, sondern als Richtschnur an.

Sie waren mutige Reformer gegen die reichen aristokratischen Sadduzäer und hatten außerdem die Macht, sie zu zwingen, ihr pharisäisches Gesetzesgut durchzusetzen.

Die Zöllner sind nicht vergleichbar mit Zollbeamten, wie wir sie heute kennen. Sie pachteten als Meistbietende Land von den römischen Besatzern und mussten dann die Summe wieder durch Zölle eintreiben; manchmal machten sie es dann aber mit List und Betrug. Eine Auswirkung der römischen Besatzungspolitik war also, dass sie in der sozialen Rangordnung in eine niedrigere Stufe gelangten.

Nach der tiefenpsychologischen Methode der Exegese haben sich die Zuhörer Jesu mit den Pharisäern identifiziert oder sie im Unterbewussten als Ich-Figur gewählt, sodass das Gleichnis für sie eine Schockwirkung hatte und den Denkprozess auslöste. So konnte Jesus die Menschen zum Umdenken bewegen.[3]

Das Thema des Gleichnisses ist das richtige Beten und die Sündenvergebung, die auch unehrenhaften Menschen, die ihre Taten bereuen, widerfährt. Durch Umkehr, Metanoia, wird man ein gerechter Mensch. Das Grundmotiv Jesu wird in diesem Gleichnis sehr deutlich. Er tritt ein für gesellschaftliche Außenseiter, also die Kranken, Armen, Sünder und Verbrecher und zeigt Gottes Güte, indem er ihnen vergibt und mit ihnen redet. In diesem Gleichnis wird deutlich: So gütig ist Gott, dass er auch den Sündern, die ihre Sünden bereuen, vergibt. Menschen, die nicht die richtige Einstellung zum Beten haben, sind bedroht durch ihren Stolz den wahren Wert zu verkennen. Jesus fordert die Zuhörer auf, ihre Einstellung und Haltung wider Gott zu zuwenden, anstatt nur auf andere zu achten.

Der Pharisäer und der Zöllner gehen beide hinauf in den Tempel, um zu beten. Der Tempel liegt auf einem Hügel und ist somit Gott etwas näher. Sie gehen vermutlich zur Gebetsstunde hinauf zum Tempel, also um 3 Uhr. Es war zur damaligen Zeit nicht üblich, dass man still betete, daher redet der Pharisäer leise, ebenso stand man beim Gebet aufrecht und hob Augen und Hände empor.[4]

In Vers 11 erwähnt er die Sünden Ehebruch, Betrug und Raub, von denen er sich ferngehalten hat. Er stellt den Zöllner auf die gleiche Stufe, wie Ehebrecherinnen,

---

[3]   Religionsunterricht Klasse 13
[4]   vgl. Joachim Jeremias, Die Gleichnisse Jesu, S. 95

Betrüger und Räuber. Laut Joh 8,1-11 mussten Frauen, die Ehebruch begingen, nach dem Gesetz gesteinigt werden.

Die Zöllner hatten damals keine bürgerlichen Ehrenrechte und wurden von allen spürbar verachtet, aber sofern sie nicht durch Betrug mehr Geld forderten, hatten sie allerdings keine Strafe zu fürchten. Für die Öffentlichkeit aber, waren sie den Räubern gleich und religiöse Ausgestoßene.

In Vers 12 erzählt der Pharisäer, was er alles geschafft hat. Er fastet zweimal pro Woche. Über das Fasten gibt es unterschiedliche Angaben.

Nach der einen musste er, laut Gesetz, nur an einem Tag im Jahr fasten, am *Jom Kippur*, sodass er zusätzlich mehr fastet. Die andere Angabe besagt, dass jeder zweimal in der Woche fasten solle, nämlich am Montag und am Donnerstag. Außerdem gibt er zusätzlich zu dem Zehnt, welches er verzollen muss, auch von allem, was er einkauft, einen Zehnt an den Staat, denn er weiß nicht, ob der Verkäufer rechtschaffen ist und das Zehnt bezahlt hat. Er will sichergehen, dass er nichts Unverzolltes isst. Er ist stolz auf sein Leben und das, was er alles geschafft hat.[5]

Der Zöllner bleibt aus Scham und Schuldgefühlen weit entfernt hinten im Tempel stehen und wagt noch nicht einmal, die Augen zu heben. Dadurch wird auch räumlich die Distanz zwischen Pharisäer und Zöllner erkennbar.

Der Zöllner bereut, schlägt sich an die Brust und bittet Gott um Vergebung. Das Empfinden von Sünde wurde damals im Herzen geortet. Er zeigt keine Spur von Hochmut und rechnet Gott nichts vor. Ihm hat Gott vergeben, denn er kehrt gerechtfertigt nach Hause zurück.

Das Gebet des Zöllners ist eine Bitte. Das Gebet des Pharisäers ist ein Dank ohne jegliche Bitte. Mancher Rabbi empfahl den frommen Juden damals, Gott zu danken, dass er nicht so ist, wie die Heiden, die Ungebildeten oder Sünder, sodass nicht ganz klar ist, ob der Pharisäer den Zöllner verachtet oder nur diesem Rat folgt.[6]

Der letzte Vers findet sich nochmals in Kapitel 14 Vers 11, ebenfalls bei Lukas, in einem ähnlichen Sinnzusammenhang. Man soll sich nicht auf den Ehrenplatz setzen, denn es könnte einer eingeladen sein, der ehrenhafter ist und man würde an einen unteren Platz verwiesen werden. Besser ist es, wenn man von einem unteren Platz auf den Ehrenplatz gebeten wird. Auch in diesem Gleichnis wird vor Hochmut

---

[5]   vgl. Joachim Jeremias, Die Gleichnisse Jesu, S.96
[6]   ebd. S. 96ff

gewarnt. Des Weiteren kommt dieser Satz noch in Mt 23,12 vor. Auch hier kritisiert Jesus Menschen, die sich mit ihren Taten und ihrem Glauben rühmen und hochmütig sind.

2.3 Formanalyse

Typische Elemente aus Gleichnissen, die hier vorkommen, sind die Schockwirkung für Jesu Zuhörer, die gleichzeitig auch Ärgernisse sind und schließlich den Denkanstoß bilden. Für die Zuhörer ist es ungewohnt, dass dem Zöllner die Sünden vergeben werden.

Bei Vers 9 könnte man sagen, dass es sich um einen Einleitungssatz handelt, denn es beginnt ein neuer Abschnitt. Er wird in der dritten Person Singular geschrieben und Jesus namentlich erwähnt, sodass Jesus nicht der Erzähler ist, sondern Lukas, welcher über Jesus in seinem Evangelium berichtet. In den nächsten Versen, jedoch, handelt es sich um wörtliche Rede und es kann nur Jesus der Erzählende sein, der in der Ich-Form redet (V 14).

Der letzte Vers klingt wie eine Moral oder Quintessenz und beinhaltet die Interpretation Jesu zu dieser Geschichte. Dieser Vers ist auch besonders kunstvoll gestaltet mit zwei Gegensätzen, die parallel angeordnet sind. Es fällt auf, dass die Verben in Vers 14b in der Zukunft stehen. Der gerechtfertigte Zöllner wird in der Zukunft erhöht werden - durch Gottes Zutun wird er in das Himmelreich kommen, denn aus sich heraus kann sich niemand das Himmelreich verdienen. Außerdem findet die Vollendung zum Ewigen Leben erst nach dem Tod, also in der Zukunft irgendwann statt, auch wenn Ewiges Leben in der Gegenwart spürbar werden kann.

Zwischen dem ersten und dem letzten Satz besteht ein sinngemäßer Zusammenhalt: Einige, die sich selbst erhöhen, also von ihrer eigenen Gerechtigkeit überzeugt sind und andere verachten, werden im ersten Satz erwähnt. Ihnen erzählt Jesus dieses Gleichnis mit dem Schlusssatz: „Wer sich selbst erhöht, wird erniedrigt." Diese Menschen sind Jesu Adressaten, womöglich sind sie sogar Pharisäer, mit denen er oft Gespräche führte und die selbstbewusst waren. Auch Lukas richtet sich an solche Menschen, aber er warnt auch die anderen davor, dass sie mit der richtigen Einstellung und Gesinnung beten sollen und nicht hochmütig und selbstgerecht sind. Dennoch tritt der Autor nicht in Erscheinung, lediglich die überlieferte Situation Jesu mit ihm als Autor des Gleichnisses.

Der Autor will den Leser zum Nachdenken anregen. Eventuell wurde das Gleichnis von Lukas auch verändert.

Der Hauptteil des Gleichnisses, V 10-13, besteht zum größten Teil aus den Gebeten der beiden Männer. Bei der wörtlichen Rede stehen die Verben in der Gegenwart, während sie im Rest des Textes in der Vergangenheit geschrieben sind. Die wörtliche Rede bewirkt Authentizität der Gebete. Außerdem erlangt der Zuhörer oder Leser Einsichten in die Gefühlswelt der Personen und lässt auf ihre Charaktereigenschaften schließen. In Vers 13 wird der Gegensatz zwischen Pharisäer und Zöllner deutlich gekennzeichnet durch das „aber". Die Unterschiede in den Gebeten beruhen auf verschiedenen Hintergründen, Verhaltensweisen und Persönlichkeitsmerkmalen.

Die Abschnitte vom Pharisäer, wie vom Zöllner sind parallel angeordnet, aber nicht gleich gewichtig. Es findet ein Vergleich statt, indem zwei gegensätzliche Situationen nebeneinander gestellt werden. Beide Personen gehen zum Tempel, nehmen dort aber andere Positionen und Stellungen ein. Beide beten, allerdings ist das Gebet des Zöllners wesentlich kürzer als das des Pharisäers. Über das Gebet des Pharisäers wird wesentlich mehr berichtet. Des Weiteren sind die Personenbeschreibungen unterschiedlich lang.

Die Konjunktion „aber" lässt den Zuhörer schon vorweg erahnen, dass nun etwas Gegenteiliges folgt. Es sorgt für die Fortführung und den Sinn in der Erzählung.

Der Pharisäer steht aufrecht während des Betens, weil er zum einen selbstbewusst ist und sich nichts zuschulden hat kommen lassen - zum anderen wird man so aber generell besser von den anderen gesehen, auch wenn hier nur der Zöllner anwesend ist.

Er ist stolz und verachtet die anderen Ehebrecher, Räuber, Zöllner...

Er zählt auf, was er alles Gutes tut und wie selbstbeherrscht er ist. Er zeigt keinerlei Anzeichen dafür, dass er nicht perfekt ist oder irgendwelche Sünden begangen hat.

Der Zöllner hingegen, wagt noch nicht einmal seine Augen zu erheben. Dieses „nicht einmal" ist kennzeichnend für ein Minimum. Er traut sich nicht, er schämt sich und bereut aufs Tiefste. Das er weiter hinten stehen bleibt, verdeutlicht dies nochmals auf andere Art und Weise. Es zeigt auch seine Bescheidenheit, denn er maßt sich nicht an, dass er Vergebung verdient hat. Er scheint es nicht wert zu sein, näher zu kommen. Auch das auf die Brust schlagen ist ein Ausdruck der Sorge und des Schuldbewusstseins (Vergleich Lk 23,48). Aber der Zöllner steht den Gebeten gar nicht so fern, denn er betet den Vers 3 aus Psalm 51. Er ist ihm also bekannt. Dieses Zitat deutet auf seine Bescheidenheit, hin denn es sagt kurz und knapp, was er fühlt und er erhofft sich lediglich Vergebung.

Jesus kehrt die Situation um: die Zuhörer sehen den selbstbewussten Pharisäer als gutes Vorbild und den Zöllner als abschreckendes Beispiel, doch bei Jesus gelangt der reumütige Zöllner zum Vorbild. Demut ist für Jesus besser als Hochmut.

Jesus ist die agierende Person auf der einen Ebene. Auf der anderen Ebene sind der Pharisäer und der Zöllner die aktiven Personen.

Das Gleichnis wird in chronologischer Reihenfolge erzählt, wobei der Autor nur die Situation zwischen den Personen beschreibt und keine Orts- und Zeitangaben erwähnt.

Es geht darum, dass unterschiedliche Personen an gleichen Orten verschiedene Verhaltensweisen zeigen:

Der Zöllner betet einen kurzen Satz und der Pharisäer zwei längere Sätze.

Jeder Zuhörer Jesu und Leser des Urchristentums denkt, das Verhalten des Pharisäers sei gut oder sogar sehr gut, denn er erfüllt seine Pflichten, eventuell sogar noch mehr. Von daher wirkt Vers 14 überraschend: Warum kehrt der Pharisäer nicht gerecht nach Hause zurück? Es ist kein wirkliches Ende, denn man erfährt nicht, wie die Zuhörer reagieren oder was der Pharisäer falsch gemacht hat, aber deshalb regt das Gleichnis ja auch zum Nachdenken an.

3. Reflexion:

Mit meiner Arbeit habe ich versucht die verschiedenen Aspekte des Gleichnisses herauszuarbeiten.

Allerdings konnte ich einzelne Erkenntnisse schlecht den Analysen zuordnen und bin der Meinung, dass man nicht klar zwischen Form-, Motiv- und Sachanalyse trennen kann.

Man kann wohl sicher behaupten, dass die Menschen in der heutigen Zeit ein anderes Textverständnis besitzen, als die Zuhörer Jesu, deshalb kann eine genauere Auseinandersetzung mit dem Gleichnis sehr informativ sein. Dieses Gleichnis gibt Hinweise mit welcher Einstellung und Gesinnung man beten soll. Man soll Gott nahe stehen und ihn für unser Leben ernst nehmen. Wichtig ist auch Jesus Aussage über die Gebote Gerechtigkeit, Barmherzigkeit und Treue gegenüber unseren Mitmenschen. Der Freispruch des Zöllners soll uns zeigen, dass wir alle eine Schuld kennen, die uns bedrückt. Dem Zöllner ging es genauso, und er hat sich und sein Verhalten geändert.

Alles in allem soll man sich nicht immer um sich selber kümmern, sondern auch für seine Mitmenschen da sein, gerecht sein, barmherzig sein und Treue zeigen. Dann können wir auf Gottes Freispruch vertrauen.

3. Literaturverzeichnis

4.1 Primärquellen:

Primärliteratur

- Die BIBEL. Altes und Neues Testament, Einheitsübersetzung,
  Freiburg/Basel/Wien, 1997, Verlag Herder

Sekundärquellen

- JEREMIAS, Joachim: Die Gleichnisse Jesu, 1996, Kleine Vandenhoeck
  Reihe
- SÖDING, Thomas; MÜNCH, Christian: Kleine Methodenlehre zum Neuen
  Testament, 2005, Herder

4.2 Sekundärquellen

Lexikon für Theologie und Kirche, Herausgegeben von Josef Höfer und Karl Rahner,
1957, Verlag Herder Freiburg

http://bibelserver.de/index.php